Approchez mes enfans, j'apprends l'art d'être heureux.

PENSÉES

RÉPUBLICAINES,

POUR TOUS LES JOURS DE L'ANNÉE; A L'USAGE, sur-tout, DES ENFANS.

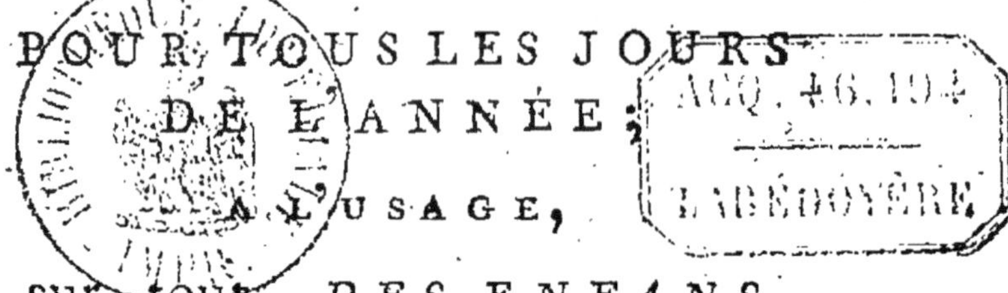

*Par l'Auteur du Catéchisme moral
et républicain.*

« Pour que tous les Citoyens eussent une
» notion précise des principes de la Mo-
» rale, qui est la politique des Répu-
» bliques, les Athéniens avoient rédigé
» cette science en des maximes si cour-
» tes et si simples, qu'un enfant de 10
» ans pouvoit les savoir par cœur, et
» en saisir l'esprit ».

Recherches philosophiques sur les Grecs.

A PARIS,

Chez LE PETIT, Libraire, quai des
Augustins, N°. 32.

L'an II. de la République.

AVERTISSEMENT.

„J'OFFRE *aux pères et mères, ainsi qu'aux Instituteurs et Institutrices de la République, un texte journalier à leurs moralités; aux enfans, une petite leçon qui ne leur coûtera ni désespoir, ni pleurs; aux jeunes gens, un sujet utile de réflexion, et aux personnes plus avancées en âge, un ressouvenir, pour le moins, agréable. — Il m'est permis de faire l'éloge de ces pensées; car elles appartiennent aux meilleurs Moralistes anciens et modernes. — Il n'y a de moi que le choix,*

A 2

la forme, et, sur-tout, l'inten-
tion d'être utile à ma patrie ;
c'en sera assez pour mon amour-
propre, si elle est remplie ».

PENSÉES

RÉPUBLICAINES.

VENDÉMIAIRE.

PREMIÈRE DÉCADE.

Primdi. (1)

» PERSONNE n'est bon par hasard , il faut apprendre la vertu ».

Duodi. (2)

» La vertu est l'amour de la patrie et de ses devoirs ; elle a pour objet l'utilité publique, dont celle de chaque individu fait partie ».

A 3

Tridi. (3)

» On façonne les plantes par la culture et les hommes par l'éducation ».

Quartidi. (4)

» L'esprit est un terrein qui produit en raison des semences qu'on y jette ».

Quintidi. (5)

» C'est du premier moment de la vie qu'il faut apprendre à mériter de vivre ».

Sextidi. (6)

» Il en est des principes reçus dans l'enfance de l'homme , comme de ces caractères tracés sur l'écorce des jeunes arbres ; ils croissent, se développenr avec lui, et font partie de lui-même ».

Septidi. (7)

» L'instruction est à l'ame ce que la santé est au corps ».

Octodi. (8)

» L'homme qui sait penser ne peut être un esclave ».

Nonodi. (9)

» Un bon jugement fait la gloire, et le profit de l'homme ».

DÉCADI. (10)

» *La Patrie ne peut subsister sans la liberté, ni la liberté sans la vertu, ni la vertu sans l'instruction* ».

A 4

SECONDE DÉCADE.

Primdi. (11)

» Un seul jour d'un homme instruit est plus long que la plus longue vie des ignorans ».

Duódi. (12)

» La vertu s'épure et se fortifie, à mesure que l'esprit s'éclaire ».

Tridi. (13)

» La vérité qui nous est utile est près de nous, et il ne faut pas, pour l'acquérir, un grand appareil de science ».

Quartidi. (14)

» La science, dans le genre le plus utile, est toujours la plus estimable ».

Quintidi. (15)

» Une bonne action vaut mieux qu'un bon ouvrage »,

Sextidi. (16)

» Si tu ne peux être poëte, astronome, tu peux, du moins , être vertueux ; ce qui est bien plus important ».

Septidi. (17)

» Ignorer ce qu'il nous est nécessaire de savoir, c'est comme le voyageur qui se met en route sans connoître son chemin ».

Octodi. (18)

» Quiconque est bien élevé pour l'état d'homme , ne peu

pas mal remplir ceux qui s'y rapportent ».

Nonodi. (19)

» L'ignorance du bien est la source du mal ».

DÉ C A D I. (20)

» *Supposons l'homme isolé.
Quel est-il ? La proie de tous les
animaux. La nature, heureuse-
ment, lui a donné deux grandes
ressources : la raison et la société* ».

T R O I S I É M E   D É C A D E.

Primdi. (21)

» La crédulité est fille de l'i-
gnorance ».

Duodi. (22)

» Pourquoi y a-t-il, pour nous, quelque chose d'extraordinaire dans la nature ? C'est que nous ne cherchons pas à l'étudier, et que nous ne songeons qu'à ce qu'elle fait et non à ce qu'elle peut faire ».

Tridi. (23)

» Dans l'empire de la raison comme dans les mines d'or, on s'enrichit à proportion que l'on y creuse ».

Quartidi. (24)

» Il est aussi absurde de nie ce que l'on n'entend pas, que de le croire ».

A 6

Quintidi. (25)

» L'erreur a plusieurs sentiers; la vérité n'en a qu'un ».

Sextidi. (26)

» L'erreur ; atôme dans sa naissance, s'enfle et s'aggrandit comme une énorme vague, qui submerge la vérité ».

Septidi. (27)

» La raison, quand elle nous égare, ressemble à la poudre dans la cartouche d'un soldat mal adroit : le salpêtre prend feu par son ignorance, et il périt par l'instrument destiné à le défendre ».

Octodi. (28)

» C'est par sottise qu'on est

méchant, et le crime est toujours un faux jugement ; car l'intérêt de l'homme réside dans la
vertu ».

Nonodi. (29)

» La science même, est nuisible, lors qu'elle n'est point diri-
gée par la sagesse ».

DÉCADI. (30)

» *La société est une grande*
machine, dont la force dépend
du mouvement et du concours de
chacune des parties. Ce sont au-
tant de roues qui tournent autour
d'un centre commun : le bien pu-
blic ».

B R U M A I R E.

QUATRIÈME DÉCADE.

Primdi. (1)

» apprendre à connoître, c'est commencer à apprendre à dou-ter ».

Duodi. (2)

» Le doute est le chemin qui mène à la vérité ».

Tridi. (3)

» *Je sais*, est la devise d'un ignorant présomptueux ; *je ne sais*, est celle d'un sot ; *je sais que je ne sais rien*, est celle d'un homme sage ».

Quartidi. (4)

» Ne parle , jamais , de ce que tu ignores; et qu'à propos de ce que tu as appris ».

Quintidi. (5)

» Bien écouter, et bien répondre , est une des plus grandes perfections qu'on puisse avoir dans la conversation ».

Sextidi. (6)

» Moins on pense, plus on parle ».

Septidi. (7)

» Le sage est moins pressé de parler que de bien agir ».

Octodi. (8)

» Les demi-savans sont l'espèce la plus incommode ; les faux savans sont l'espèce la plus dangereuse ».

Nonodi. (9)

» L'esprit qu'on veut avoir gâte celui qu'on a ».

DÉCADI. (10)

» *Le salut du peuple est la suprême loi* ».

CINQUIÈME DÉCADE.

Primdi. (11)

» Après la connoissance de soi-même, la plus importante est celle des autres ».

Duodi. (12)

» Pour connoître l'homme, il suffit de s'étudier soi-même; pour connoître les autres, il faut les pratiquer ».

Tridi. (13)

» Ne te rebute pas aux premières difficultés qui se rencontrent dans le chemin de l'instruction ; la route s'applanit à mesure qu'on la parcourt avec courage ».

Quartidi. (14)

» La paresse rend tout difficile, le travail rend tout aisé ».

Quintidi. (15)

» La perfection d'une pendule n'est pas d'aller vîte ; mais d'être réglée ; il en est ainsi de notre esprit ».

Sextidi. (16)

» On ne retient aisément que ce qu'on apprend difficilement ».

Septidi. (17)

» La paresse et la précipitation sont deux obstacles égaux au bien ».

Octodi. (18)

» C'est toujours ce qui est le plus utile qui coûte le moins de tems ».

Nonodi. (19)

» Si la vie t'est chère, ne dissipe pas le tems ; car la vie en est faite ».

DÉCADI. (20)

» *Je ne serai jamais esclave*, étoit le refrain journalier des enfans à Sparte ».

SIXIÈME DÉCADE.

Primdi. (21)

» Le tems qui manque à la paresse est créé par la diligence ».

Duodi. (22)

» Il n'y a qu'un moyen de réparer le tems perdu, c'est de bien employer le reste ».

Tridi. (23)

» Ne remets jamais au lendemain, ce que tu peux faire

au jourd'hui ; l'avenir est incertain, le présent seul est sûr »,

Quartidi. (24.)

» Si tu veux que ton affaire soit faite, vas-y toi-même ; si tu veux qu'elle ne soit pas faite, envoye-s-y ».

Quintidi. (25)

» L'attention aux petites choses est l'économie de la vertu ».

Sextidi. (26)

» Le défaut de soins fait autant de tort que le défaut de savoir ».

Septidi. (27)

» Ne se plaire que dans la dissipation, ce n'est point activité ; c'est délire et convulsion ».

Octodi. (28)

» Bannis la confusion et l'ins-
tabilité de ta conduite ».

Nonodi. (29)

» Le corps , s'il n'est traité
durement , se révolte contre l'esprit ».

DÉCADI. (30)

» *Mourir pour son pays n'est pas un triste sort,*

» *C'est s'immortaliser par une belle mort.*

» *De* BARRA *, jeune encor , l'étonnante
aventure,*

» *Ira de bouche en bouche à la race future.*

FRIMAIRE.

SEPTIÈME DÉCADE.

Primdi. (1)

» Le travail paye les dettes,
la paresse les augmente ».

Duodi. (2)

» Imitons l'exemple que nous
donne la fourmi pendant l'été,
si nous voulons nous reposer,
comme elle , pendant l'hyver
de notre vie ».

Tridi. (3)

« Le travail fut toujours le
père du plaisir ».

Quartidi. (4)

» Partage ta journée entre tes devoirs et tes plaisirs ».

Quintidi. (5)

» L'ennui est entré dans le monde par la paresse ».

Sextidi. (6)

» Un homme oisif est un méchant commencé ».

Septidi. (7)

» L'oisiveté ressemble à la rouille ; elle use beaucoup plus que le travail ».

Octodi. (8)

» L'inaction est une vraie

mort ; c'est la sépulture d'un homme vivant ».

Nonodi. (9)

» Le plaisir court après ceux qui le fuyent ».

DÉCADI. (10)

» *Un homme d'esprit, n'eût-il que des vues d'intérêt, sent qu'il n'a point de meilleur parti à prendre que d'être uni à l'intérêt commun* ».

HUITIÈME DÉCADE.

Primdi. (11)

» On paye cher le soir les folies du matin ».

Duodi

Duodi. (12)

» Evite d'employer la première partie de ta vie à rendre
l'autre misérable ».

Tridi (13)

» Les jeunes gens, par leur
inconduite entassent des, soupirs
pour leurs vieux jours ».

Quartidi (14)

» Cultiver son esprit , et ne
pas être sage, c'est allumer un
flambeau et fermer les yeux ».

Quintidi. (15)

» L'esprit sans jugement, est
un pilote qui force de voiles
pour donner contre un écueil ».

B

Sextidi. (16)

» Nos passions sont comme des accès de fièvre ardente. Quoiqu'elles nous rendent plus forts dans le moment même de l'accès, cependant elles nous rendent plus foibles après ».

Septidi. (17)

» Ne pas corriger ses fautes, c'est en commettre de nouvelles ».

Octodi. (18)

» Plus les repentirs sont prompts, plus ils en épargnent d'inutiles ».

Nonodi. (19)

» Ainsi que la vertu, le vice a ses dégrès ».

DÉCADI. (20)

« *Dans un gouvernement libre,*
l'intérêt personnel se trouve tou-
jours dans le bien général ».

NEUVIÈME DÉCADE.

Primdi. (21)

» La droiture du cœur est le
fondement de la vertu ».

Duodi. (22)

» Si une chose n'est pas honnête , ne la fais point ; si elle
n'est pas vraie , ne la dis point ;
car tu es le maître. ».

Tridi. (23)

» Soit vrai , mais discret ;
franc, mais sage ».

B 2

Quartidi. (24)

» Quand il est incertain, si une action qu'on te propose est juste ou injuste, abstiens-toi ».

Quintidi. (25)

» Dans le voyage de la vie, ne cherche pas les chemins détournés ; qui te conduiroient au précipice, suis la grande route. De toutes les lignes la plus droite est la plus courte ».

Sextidi. (26)

» La vie est un journal sur lequel on ne doit écrire que de bonnes actions ».

Septidi. (27)

» Nous devons toujours ,

avoir, à la main ces deux règles : l'une, de ne rien faire que ce que nous inspire la raison ; l'autre de changer d'avis, l'orsqu'on nous prouve que notre opinion n'est pas juste ».

Octodi. (28).

» Celui qui ose davantage, que ce qui est digne de l'homme, cesse d'en être un ».

Nonodi. (29)

» Le sage fait le bien comme il respire ; c'est sa vie ».

DÉCADI. (30)

» *Servir sa patrie par intérêt, c'est le service d'un égoiste ; la servir par crainte, c'est le service*

B 3

d'un esclave ; la servir par amour, c'est le service d'un homme libre ».

NIVOSE.

DIXIÈME DÉCADE.

Primdi. (1)

» Sois sincère avec toi-même, et tu ne pourras , jamais , être faux avec les autres ».

Duodi. (2)

» Conduis - toi toujours avec la même retenue que si tu étois environné de témoins ».

Tridi. (3)

» Le coupable n'échappe point à sa conscience ».

Quartidi. (4)

» Ce n'est que le méchant qui cache sa conduite ».

Quintidi. (5)

» Sois aujourd'hui, demain, toujours, l'homme de bien qui vivoit hier ».

Sextidi. (6).

» Le sage est son censeur le plus sévère ; il est son témoin, son accusateur et son juge ».

Septidi. (7)

» Qui ne sait pas se respecter, se fait mépriser ».

Octodi (8)

» Quelque chose de mal hon-

nête s'offre - t - il à tes yeux ?
ne le vois pas ; frappe - t - il tes
oreilles ? ne l'entends pas ; se
présente - t - il à ta bouche ? tais-
toi ».

Nonodi. (9)

» Les ruisseaux forment les
rivières , et les bonnes actions
les vertus ».

DÉCADI. (10)

» *La première loi de la société
est de ne point nuire ; la seconde,
d'être utile* ».

ONZIÈME DÉCADE.

Primdi. (11)

» Deux choses nous rendent
heureux : pouvoir ce qu'on veut,
et vouloir ce qu'on doit ».

Duodi. (12)

» Qui fait toujours ce qu'il veut, fait rarement ce qu'il doit ».

Tridi. (13)

Le vrai bien consiste dans ce qui est utile à tous, et le vrai mal dans ce qui leur est nuisible ».

Quartidi. (14)

» Qui fait le bien des autres, fait le sien ».

Quintidi. (15).

» On partage, toujours, le mal qu'on fait aux autres ».

Sextidi. (16)

» Ne fais à autrui, ce que tu ne veux pas qu'il te soit fait ;

fais pour lui ce que tu voudrois
qu'il fît pour toi ; c'est toute la
morale en abrégé ».

Septidi. (17)

» Celui qui n'aime pas ses
semblables est un aveugle qui
méconnoît la nature , celui qui
pourroit les haïr est un monstre
qui l'outrage ».

Octodi. (18)

» Les hommes sont membres
les un des autres , et tous formés
de même matière ; si un mem-
bre est affligé , les autres s'en
ressentent ».

Nonodi. (19)

» Tant que quelqu'un man-
que du nécessaire , quel hon-

nête homme peut avoir du superflu » ?

DÉCADI. (20)

» *Un bon Citoyen ne peut trouver utile pour lui, ce qui ne l'est pas à la République* ».

DOUZIÈME DÉCADE.

Primdi. (21)

» La charité est cette affection constante et raisonnée qui nous immole à nos semblables com- me s'ils ne faisoient avec nous qu'un individu, et qui nous as- socie à leurs malheurs, et à leur prospérité ».

Duodi. (22)

» Ne t'écarte, jamais, du respect

qu'on doit à la vieillesse , et adoucis , pour elle le poids , des années à.

Tridi. (23)

» Heureux qui peut rendre à son père et à sa mère , tous le soins qu'il en a reçus dans son enfance , et y met autant de sentiment ».

Quartidi. (24)

La piété filiale ne peut se passer d'aucune vertu ; mais que feroient les plus sublimes vertus sans elle » ?

Quintidi. (25)

» Qui est bon fils , est bon frère , bon époux , bon père , bon ami ,

ami, bon voisin, bon Citoyen.
Qui est mauvais fils n'est que
mauvais père, et c'est tout dire».

Sextidi. (26)

» Il en est de l'ingratitude
dans les enfans, comme si la
bouche mordoit la main lorsqu'elle lui porte la nourriture ».

Septidi. (27)

» Qui se détache du sein
paternel doit nécessairement se
flétrir comme le rameau retran-
ché de l'arbre ».

Octodi. (28)

» Un être insensible est une
erreur de la nature ».

Nonodi. (29)

» Le monde est un vaste

C

système de société. La bête est
est utile à l'homme, et l'homme l'est à la bête. La fourrure qui échauffe l'homme riche a auparavant échauffé l'ours. Tout est servi, et tout sert, rien n'existe à part ».

DÉCADI. (30)

« *Si l'amour de la patrie doit être le premier de nos devoirs, il doit être aussi le premier de nos sentimens* ».

PLUVIOSE.

TREIZIÈME DÉCADE.

Primdi. (1)

»Moins on a d'indulgence pour soi-même, plus il est aisé d'en avoir beaucoup pour les autres ».

Duodi. (2)

» Quand tu trouves quelqu'un en faute, compte celles que tu fais, et c'est un voile que tu jetteras sur la faute d'autrui ».

Tridi. (3)

» Evite de prononcer trop légèrement sur la conduite des

autres, si tu ne veux pas qu'ils jugent ainsi la tienne ».

Quartidi. (4)

» S'il est louable d'être indulgent, il est indispensable d'être juste ».

Quintidi. (5)

» L'indulgence pour le vice est une conspiration contre la vertu ».

Sextidi. (6)

» La vertu est entre les extrêmes. Celui qui a passé le milieu, n'a pas mieux fait que celui qui ne l'a pas atteint ».

Septidi. (7)

» Soyons lents à blâmer, soyons lents à louer ».

Octodi. (8)

» Pour que le bonheur puisse entrer dans notre ame, il faut commencer par nettoyer la place, et en chasser tous les maux imaginaires ».

Nonodi. (9)

» Le bonheur consiste dans la juste proportion de ses devoirs et de ses besoins avec les moyens de les satisfaire ».

DÉCADI. (10)

» *Un Républicain doit faire plus que son devoir pour sa patrie* ».

QUATORZIÈME DÉCADE.

Primdi. (11)

» Plus on se tient près de la nature , moins on a de besoins ».

Duodi. (12)

» Les vrais biens pour l'homme se réduisent à trois choses : *la Liberté, la santé, et le nécessaire*. La liberté se maintient par la *vertu* , la santé par la *tempérance* , et le nécessaire par le *travail* ».

Tridi. (13)

» Le nécessaire a sa mesure naturelle, et les vrais besoins n'ont jamais d'excès ; ceux d'opinion sont illimités ».

Quartidi. (14)

» Homme, pour être heureux, tu
tu n'as qu'un seul moyen ;
C'est de vivre content des dons de la
Nature,
Et de te conformer à leur juste mesure.

Quintidi. (15)

» La médiocrité , mère du
bon esprit , vaut mieux que la
richesse qui nous égare ».

Sextidi. (16)

» S'accommoder avec la pauvreté, c'est être riche ».

Septidi. (17)

» Un homme n'est pas pau-
vre , parce qu'il n'a rien , ou
qu'il a peu ; mais parce qu'il

ne travaille pas, ou pour désirer davantage ».

Octodi. (18)

» Celui qui s'accoutûme, de
bonne heure aux privations, af-
franchit sa vie des peines qui
l'entourent ; car passer la vie
n'est pas traverser une pleine »

Nonodi. (19)

» Si tu achètes ce qui est superflu pour toi , tu ne tarderas
pas à vendre ce qui t'est le plus
nécessaire ».

DÉCADI. (20)

» *Nous devons toujours parler
et agir pour le bien de tous ,
fût - il préjudiciable à nos inté-
rêts* »

QUINZIÈME DÉCADE.

Primdi. (21)

» Les ressources de la vertu sont infinies ; plus on les employe, plus elles se multiplient. Quelqu'immenses que soient les richesses , elles se dissipent facilement.

Duodi. (22)

» Richesse ne fait pas riche ».

Tridi. (23)

» Il n'est de vrais plaisirs qu'avec de vrais besoins ».

Quartidi (24)

Le superflu a plutôt les cheveux blancs , et l'honnête nécessaire vit plus long-tems ».

Quintidi. (25)

» La garde de toutes les vertus est aisée , la pratique des
vices est fort coûteuse ».

Sextidi. (26)

» La sagesse de l'homme consiste à laisser le moins qu'il est pos-
sible ses destinées aux caprices
de la fortune, à faire sortir son
sort de sa prévoyance et de sa
raison ».

Septidi. (27)

» Manquer de prudence, c'est,
en quelque sorte , manquer de
vertu ».

Octodi. (28)

» Qui a peu de besoins n'a
pas celui de se vendre ».

Nonodi. (39)

» L'argent qu'on possède est l'instrument de la liberté ; celui qu'on pourchasse est l'instrument de la dépendance ; sois donc econôme ».

DÉCADI. (30)

» *Dans une République , les hommes sont libres , et les mœurs doivent être esclaves* ».

VENTOSE.

SEIZIÈME DÉCADE.

Primdi. (1)

» L'économie est la proche parente de l'avarice ; mais la progalité de la cupidité se touchent ».
C 6

Duodi. (2)

» La pauvreté contente est un beau spectacle ».

Tridi. (3)

» L'homme qui voit d'un front serein emporter son trésor, en conserve un dans son ame, et trompe le voleur; mais celui qui l'épuise en repâts inutiles, se vole lui-même ».

Quartidi. (4)

» La bonne fortune est pour le cœur une épreuve bien plus rigoureuse que la mauvaise. On supporte le malheur ; la prospérité nous corrompt »

Quintidi. (5)

» Tout le pouvoir de la fortune consiste dans la foiblesse
des hommes ».

Sextidi. (6)

» Passer de la pauvreté à l'o-
pulence, c'est seulement changer
de misère ».

Septidi. (7)

» Regarde quel est l'homme,
et non pas quel est son bien.
J'aime mieux, disoit Thémisto-
cle, *un homme sans argent, que
de l'argent sans homme* ».

Octodi. (8)

» Il n'y a pas de bonheur plus
solide que celui qui, indépen-

dant de la fortune, ne réside que dans la conscience et la liberté ».

Nonodi. (9)

» La nature nous a imposé le soin de nous conserver ; mais ce soin, porté à l'excès, devient un vice ».

DÉCADI. (10)

» *Celui qui sait le mieux vouloir ce que la Loi prescrit, est le plus libre* ».

DIX-SEPTIÈME DÉCADE.

Primdi. (11)

» Ne fais pas le bien pour qu'on te le rende ; car la bien-

faisance cesse de mériter ce nom,
lorsqu'elle devient échange ».

Duodi. (12)

» Un homme sans libéralité
est un arbre sans fruit ».

Tridi. (13)

» Quiconque n'est pas sensible au plaisir, si doux de secourir ses frères , n'est né propre à aucune vertu ».

Quartidi. (14)

» Publier les services qu'on
rend , c'est en ternir l'éclat ».

Quintidi. (15)

» Qui oblige, promptement,
oblige deux fois ».

Sextidi. (16)

» Ce que tu as dépensé , tu l'as perdu ; ce que tu as donné est encore à toi ».

Septidi. (17)

» La probité s'arrête aux devoirs de justice ; la vertu va beaucoup au delà ».

Octodi. (18)

» La bienfaisance est à la prodigalité , ce que la bravoure est à la témérité ».

Nonodi. (19)

» Raisonner , quand il s'agit de plaindre , c'est prouver qu'on a plus d'esprit que de sensibilité».

DÉCADI. (20)

» *La Liberté s'accroît à me-*
sure qu'on la respecte ».

DIX-HUITIÈME DÉCADE.

Primdi. (21)

C'est n'être bon à rien , de
n'être bon qu'à soi ».

Duodi. (22)

» Le bien qu'on a fait la veille , fait le bonheur du lendemain ».

Tridi. (23)

» Il n'y a que les paresseux
de bien faire qui ne sachent faire
du bien que l'argent à la main ».

Quartidi. (24)

» C'est la vanité qui fait les

choses d'éclat ; c'est l'amour du bien qui fait les choses utiles ».

Qnintidi. (25)

» Ce n'est pas le refus qui choque, ce n'est que la manière de le faire ; refuse, mais ne blesse pas ».

Sextidi. (26)

» Les malheureux sont quelque chose de sacrée, et le pauvre est ton frère ; tu peux le devenir à ton tour ».

Septidi. (27)

» La convention tacite entre le bienfaiteur et l'obligé, c'est que l'un oublie sur-le-champ qu'il a rendu un service, et que l'au-

tre n'oublie jamais qu'il l'a
reçu ».

Octodi. (28)

» Compense l'injure par l'ou-
bli, et le bienfait par la recon-
noissance ».

Nonodi. (29)

» Garde-toi de l'ingratitude
comme du plus grand des crimes ; pardonne-la comme la plus
légère des fautes ».

DÉCADI. (30)

*» Nulle considération, nul
intérêt, nulle crainte ne doivent
abaisser l'ame d'un homme libre à trahir la vérité, sa patrie,
ou son devoir ».*

G E R M I N A L.

DIX-NEUVIÈME DÉCADE.

Primdi. (1)

» Examine bien si ce que tu promets est juste ou si tu peux le tenir ; la promesse une fois faite ne doit plus être révoquée ».

Duodi. (2)

» Promettre légèrement, c'est appeller le soupçon sur la pureté de ses sentimens ; promettre, lorsqu'on sait ne pouvoir pas tenir, c'est manquer à la droiture ».

Tridi. (3)

» Pour être soi-même, et toujours un, il faut agir comme on parle ».

Quartidi. (4)

„ Nous ne sommes inconsé-
quans dans nos actions, que parce que nous sommes inconstans
ou vacillans dans nos principes ».

Quintidi. (5)

„ Tout homme qui n'est pas
dans son véritable caractère n'est
pas dans sa force „.

Sextidi. (6)

„ Les hommes sans carac-
tère sont des visages sans phy-
sionomie „.

Septidi. (7)

„ Les caractères foibles ont le

double inconvénient de ne pouvoir se répondre de leurs vertus,
et de servir d'instrumens aux
vices des autres ,,.

Octodi. (8)

,, Voir le but où l'on tend ,
c'est jugement ; y atteindre, c'est
justesse ; s'y arrêter, c'est force ;
le passer, c'est foiblesse ,,.

Nonodi. (9)

,, La timidité de caractère
nuit à la justesse de l'esprit ,,.

DÉCADI. (10)

,, *L'amour de la patrie en-*
fante des prodiges , parce qu'il
remue de grandes âmes ; l'amour
de l'argent ne produit rien que

de bas, parce qu'il ne frappe que des ames basses „.

VINGTIÈME DÉCADE.

Primdi. (11)

„ Le dernier pas pour la vertu , est le premier vers le crime „.

Duodi. (12)

„ Qui délibère et combat contre sa conscience est déjà vaincu „.

Tridi. (13)

„ Une conscience éclairée est un guide infaillible „.

Quartidi. (14)

„ On pardonne tout à qui ne se pardonne rien „.

Quintidi. (15)

„ Un homme ne doit jamais rougir d'avouer qu'il a tort ; car en faisant cet aveu , c'est comme s'il disoit qu'il est plus sage aujourd'hui qu'il ne l'étoit hier „.

Sextidi. (16)

„ Il n'y a point de gens qui aient plus souvent tort que ceux qui ne peuvent souffrir d'en avoir „.

Septidi. (17)

„ La candeur est la première marque d'une belle ame ; elle en fait l'ornement le plus précieux ; c'est la compagne de l'homme libre „.

Octodi.

Octodi. (18)

„ Un esprit supérieur dédaigne les petits ressorts, il n'employe que les grands, c'est à dire, les simples „.

Nonodi. (19)

„ La finesse est un mensonge en action „.

DÉCADI. (20)

„ *L'armée la plus invincible est celle où les pères pensent plus souvent à leurs enfans, les fils à leurs parens, les frères à leurs frères, et tous, d leur mère commune, la Patrie ; les meilleurs Citoyens sont les meilleurs guerriers* „.

D

VINGT-UNIÈME DÉCADE.

Primdi. (21)

„ Veux-tu qu'on dise du bien de toi ? n'en dis jamais „.

Duodi. (22)

„ La modestie est au mérite ce que les ombres sont aux figures dans un tableau: elle fait ressortir davantage.

Tridi. (23)

„ Affecter des qualités et des talens qu'on n'a pas, c'est vouloir obliger les autres à remarquer le ridicule et les défauts qu'on peut avoir „.

Quartidi. (24)

„ Un homme n'est pas ridicule pour être ce qu'il est; mais par l'affection d'être quelque chose de plus ,,.

Quintidi. (25)

,, Se croire important, c'est une raison pour être petit toute sa vie ».

Sextidi. (26)

,, Si tu veux forcer tes ennemis à te louer, laisse à tes amis la liberté de te réprendre ,,.

Septidi. (27)

,, Ayons les bons pour amis, afin qu'ils nous encouragent à faire le bien, et les méchans pour ennemis, afin qu'ils nous empê- chent de faire le mal ,,.

Octodi (28)

„ Un vrai ami est une seconde conscience „.

Nonodi. (29)

„ On se conseille mal soi-même, et on conseille mal les autres, parce qu'on n'est pas assez autrui pour soi, et qu'on l'est trop pour les autres „.

DÉCADI. (30)

„ *Le vrai Républicain est sévère parce qu'il est juste ; sans faste, parce qu'il est simple, sans excès, parce qu'il est sage ; sans foiblesse, parce qu'il est fort ; sans vices, parce qu'il est vertueux* ».

FLORÉAL.

VINGT-DEUXIÈME DÉCADE.

Primdi. (1)

„ La douceur est d'un grand prix lorsqu'elle est vertu , et d'un bien médiocre prix lorsqu'elle n'est qu'indolence „.

Duodi. (2)

„ La patience est la fille de la necessité „.

Tridi. (3)

„ La patience est amère ; mais son fruit est doux „.

Quartidi. (4)

„ S'irriter de ses maux c'est doubler sa souffrance „.

Quintidi. (5)

„ Rien n'use plus vainement la vie, que de regimber contre la nécessité „.

Sextidi. (6)

„ La nature laisse tomber les maux ; s'en fâcher, c'est ne pouvoir supporter que la pierre tombe ou que le feu s'élève ; évite, seulement, que l'une ne t'écrase, ou que l'autre ne te consume. Du reste, il faut que tu meure un jour „.

Septidi. (7)

„ C'est une grande simplicité de l'amour-propre de nous montrer toujours, toute la nature in-

teressée aux petits évènemens
de notre vie „.

Octodi. (8)

„ Toujours quelque bien re-
pose dans le sein du mal même,
si les hommes se donnoient la
peine de l'y chercher „.

Nonodi. (9)

„ Il n'y a point de retraite où
l'homme puisse être tranquille
que dans l'intérieur de son ame,
lorsqu'il l'a enrichie de choses
précieuses „.

DÉCADI. (10)

„ *La Liberté dans l'homme
est la santé de l'ame* „.

VINGT-TROISIÈME DÉCADE.

Primdi. (11)

„ Il est plus aisé de réprimer la première fantaisie, que de satisfaire toutes celles qui viennent ensuite ,,.

Duodi. (12)

„ Veux-tu que tes désirs aient toujours leur effet ? ne desire que ce qui dépend de toi ,,.

Tridi. (13)

„ Qui ouvre son cœur à l'ambition, le ferme au repos ,,.

Quartidi. (14)

„ La véritable ambition consiste à ne faire que ce que la justice permet, et ce que la raison approuve ,,.

Quintidi. (15)

„ Que ton unique désir soit
de mériter la gloire , et de servir ta patrie „.

Sextidi. (16)

„ La gloire n'est, jamais, où
la vertu n'est pas „.

Septidi. (17)

„ Il est de la fausse gloire
comme d'un cercle dans l'onde,
qui croît et s'étend , jusqu'à ce-
qu'à force de s'étendre il s'éva-
nouisse „.

Octodi. (18)

„ L'homme qui s'imagine satisfaire ses passions par la pos-
session de ce qui en est l'objet,

ressemble à l'insensé qui veut étouffer le feu avec de la paille „.

Nonodi. (19)

„ Le plaisir de bien faire est le seul qui ne s'use pas „.

DÉCADI. (20)

„ *Qui pourroit* , *dit* Xercès, *contraindre les Grecs à affronter la mort , combattant mes troupes aguerries ? La Loi lui répliqua un Républicain ; cette Loi qui leur dit : voilà les ennemis de votre liberté ; il faut les vaincre ou périr. Les Grecs furent victorieux* ».

VINGT-QUATRIÈME DÉCADE.

Primdi. (21)

„ La santé perdue peut se rétablir ; la fortune perdue peut se réparer ; mais on recouvre , rarement, sa réputation , quand une fois on l'a perdue „.

Duodi. (22)

„ La réputation des mœurs est la première ; sans elle tout succès est trompeur „.

Tridi. (23)

„ Les bonnes mœurs sont la morale mise en pratique „.

Quartidi. (24)

„ Ce sont les mœurs qui font la bonne compagnie „.

Quintidi. (25)

,, Il en est des mœurs comme des troupes qu'il est difficille de rallier , lorsqu'une fois elles sont dispersées ,,.

Sextidi. (26)

,, L'esprit s'étrécit à mesure que l'ame se corrompt ,,.

Septidi. (27)

,, Un cœur usé n'est plus propre à rien ,,.

Octodi. (28)

,, Une erreur dans la morale produit mille erreurs dans la conduite ,,

Nonodi. (29)

,, Tout ce qui n'a que le masque
que

que et l'apparence de la vertu,
tombe tout d'un coup, comme
une fleur ».

DÉCADI. (30)

*„ Dans un gouvernement libre,
les Loix sont la conscience publique, à laquelle celle des particu-
liers doit se conformer toujours,„.*

PRAIRIAL.

VINGT-CINQUIÈME DÉCADE.

Primdi. (1)

„ L'homme qui fait bien ra-
mène son voisin qui fait mal „„.

Duodi. (2)

„ Un bon exemple est un flambeau qui en allume mille autres,

E

et multiplie la lumière , sans perdre son éclat „.

Tridi. (3)

„ Accueille toutes les critiques ; mais sois reservé dans les tiennes „.

Quartidi. (4)

„ La critique est aisée, et l'art est difficille „.

Quintidi. (5)

„ Dès qu'une passion les préoccupe , les hommes ont deux mesures sans s'en douter „.

Sextidi. (6)

„ Ne blâme pas ce que tu ne sais pas louer „.

Septidi. (7)

„ Qui veut persuader et convaincre, ne doit commander ni à la raison, ni au sentiment. Sorti libre des mains de la nature, l'esprit de l'homme veut être éclairé et non pas asservi „.

Octodi. (8)

„ Qui discute a raison ; mais qui dispute a tort „.

Nonodi. (9)

„ L'on est plus sociable et d'un meilleur commerce par le cœur que par l'esprit „.

DÉCADI. (10)

„ *Ni la tour de pierre , ni les murailles de bronze , ni le ca-*

E 2

*chot privé d'air, ni les liens de
fer massif ne peuvent assujettir
la liberté de l'ame „.*

VINGT-SIXIÈME DÉCADE.

Primdi. (11)

„ Dans le choix d'un ami ,
préfère une personne moins jeune que toi ; són expérience sup-
pléera à la tienne „.

Duodi. (12)

„ Il faut de la confiance après
l'amitié formée ; du discernement
avant de la former „.

Tridi. (13)

„ L'amitié ne sauroit subsister sans l'estime , et il ne peut
y en avoir de véritable qu'entre
les gens de bien ».

Quartidi. (14)

» L'amitié qui se cultive aux dépens du devoir n'a plus de charmes ».

Quintidi. (15)

» Qui ne fait pour son ami que ce qu'il demande ne fait point assez ; il faut prévenir ses besoins, et deviner ses désirs ».

Sextidi. (16)

» Tout faire pour son ami est un plaisir délicieux ; tout lui devoir en est un inexprimable ».

Septidi. (17)

» Un ami véritable a la for-ce d'offenser son ami pour le servir, de le blesser pour le gué-

rir, de renoncer, même, à lui
pour son bonheur ».

Octodi. (18)

» L'adversité est l'épreuve de
l'amitié ».

Nonodi. (19)

» Les amitiés sont respecta-
bles, même après qu'elles sont
rompues ».

DÉCADI. (20)

» La justice est éternelle. Ses
Loix ont été gravées, non sur le
marbre ni sur la pierre ; mais
dans le cœur de tous les hommes, même dans celui de l'esclave
qui les oublie, et du tyran qui les
nie ».

VINGT-SEPTIÈME DÉCADE.

Primdi. (21)

» Il en est des vices comme des maladies, ils se gagnent par la fréquentation ».

Duodi. (22)

» Se fier à tout le monde, ne se fier à personne, sont deux excès ».

Tridi. (23)

» Les cœurs les plus faciles à se donner, sont aussi les plus prompts à se reprendre ».

Quartidi. (24)

» Juger sur les apparences expose à des erreurs et souvent à des remords ».

E 4

Quintidi. (25)

» Le tems est le plus sûr de tous les maîtres , parce qu'il tient la vérité dans son sein ».

Sextidi. (26)

» Un homme qui se mêle des affaires des autres ressemble à celui qui observe trop curieusement le travail des abeilles ; il en est souvent piqué pour sa curiosité ».

Septidi. (27)

» La raillerie est l'éclair de la calomnie ».

Octodi. (28)

» Le calomniateur est la plus

cruelle des bêtes farouches, et le flatteur, des bêtes privées ».

Nonodi. (29)

» Peu importe au sage ce qu'on pense et ce qu'on dit de lui ; mais beaucoup lui importe de se rendre compte à lui-même de ce qu'on en doit penser et dire ».

DÉCADI. (30)

» *Le Peuple le plus libre est aussi le plus éclairé, le plus puissant, et le plus vertueux* ».

MESSIDOR.

VINGT-HUITIÈME DÉCADE.

Primdi. (1)

» L'amour-propre ou l'amour de soi est la racine des vertus et des crimes ».

Duodi. (2)

» L'amour-propre, bien dirigé par la raison, devient l'amour des autres. Il s'apperçoit bientôt qu'il doit leur rendre ce qu'il en attend ».

Tridi. (3)

» Nous naviguons sur l'Océan de la vie ; l'amour-propre en

est le vent ; mais la raison en est la boussole ».

Quartidi. (4)

» Sans l'amour-propre, l'homme seroit dans l'inaction ; sans la raison, il seroit d'une action sans fin ».

Quintidi. (5)

» L'amour-propre et la raison tendent vers un seul et même but : la peine est leur aversion, le plaisir est leur désir ».

Sextidi. (6)

» Hors de la raison, point de bonheur ».

Septidi. (7)

» L'esprit a ses bornes et ses

écarts ; la raison cultivée suffit à tout ce qui nous est nécessairé ».

Octodi (8)

» La raison est pour l'homme ce qu'est un baton pour un aveugle. Perfectionne donc cet instrument de ta sûreté ».

Nonodi. (9)

» La raison tient de la vérité. Elle est une ; l'on n'y arrive que par un chemin, et l'on s'en écarte par mille ».

DÉCADI. (10)

» *L'amour de la patrie est un sentiment doux et vif, qui joint la force de l'amour-propre à toute la beauté de la vertu* ».

VINGT-NEUVIÈME DÉCADE.

Primdi. (11)

» Le talent, après la vertu, constitue le vrai mérite personnel ».

Duodi. (12)

» La vertu ne donne pas les talens ; mais elle y supplée ; les talens ne donnent, ni ne suppléent la vertu ».

Tridi (13)

» Tous les talens réunis ne valent pas une vertu ».

Quartidi (14)

» Si le cœur est mauvais, l'esprit est un fléau ».

Quintidi. (15)

» L'esprit est comme l'or, l'usage en fait le prix ».

Sextidi. (16)

» Le meilleur goût tient à la vertu même, et disparoît avec elle ».

Septidi. (17)

» La vertu perd son crédit dans la bouche de celui qui ne la pratique pas ».

Octodi. (18)

» Toutes les vertus ont en- tr'elles un lien de parenté ; les vertus privées sont sœurs des vertus publiques ».

Nonodi. (19)

» Le plus bel ornement d'une maison , c'est la vertu de son maître ».

DÉCADI. (20)

» *Les Loix sont des entraves qui ne pressent que ceux qui font des efforts pour s'en dégager* ».

TRENTIÈME DÉCADE.

Primdi. (21)

» Il en doit être des manières comme des vêtemens ; ceux-ci font sortir la taille, et celles-là font sortir les mœurs ».

Duodi. (22)

» Propreté et simplicité sont la parure de l'homme ».

Tridi. (23)

» La vraie politesse est dans les choses, et non dans les mots. Elle doit être l'expression des vertus sociales ».

Quartidi. (24)

» Les vertus sociales sont celles qui nous rendent utiles et agréables aux autres ».

Quintidi. (25)

» Sois humain, bienfaisant, allie à la douceur des mœurs leur franche austérité, et tu auras la politesse qui convient à un homme libre ».

Sextidi. (26)

» L'hipocrisie est un hommage que le vice rend à la vertu ».

Septidi. (27)

» Un homme véritablement louable est sensible à l'estime et déconcerté par la louange ».

Octodi. (28)

» Qui aime la flatterie est digne du flatteur ».

Nonodi. (29)

» S'il est bas de flatter, il est affreux de nuire, et le succès ne peut même illustrer la satire ».

Décadi. (30)

» *L'ame d'une République est la vertu, l'égalité* ».

THERMIDOR.

TRENTE-UNIÈME DÉCADE.

Primdi. (1)

» Le vuide d'un jour perdu,
ne sera jamais rempli ».

Duodi. (2)

» Les jours, les mois, les années s'enfoncent et se perdent,
sans retour, dans l'abyme du
tems ; la vertu seule, reste ».

Tridi. (3)

» La vertu est la mère nour-
rice des plaisirs humains. En
les rendant raisonnables, elle les
rend agréables et purs ; en les

modérant, elle les tient en ha-
leine et en appétit ».

Quartidi. (4)

« Tout ce qui est hors de la
nature ne connoît plus de bornes ».

Quintidi. (5)

« C'est une folie que d'employer son argent à acheter un
repentir ».

Sextidi. (6)

« Les deux plus grands biens
qu'un homme puisse désirer sont
l'estime de ses semblables et
l'approbation de sa conscience ».

Septidi. (7)

« La vertu, qui s'est déjà si-
gnalée, a plus à faire que celle

qui n'a pas été éprouvée. Ce qu'elle fait est regardé comme une dette qu'elle acquitte ; ce qu'elle ne fait pas, comme une espérance qu'elle trompe ».

Octodi. (8)

» Un certain sentiment de fierté et d'estime pour soi-même élève l'ame, et la rend capable des plus grands sacrifices ».

Nonodi. (9)

» Le sage n'est pas l'homme exempt de foiblesse , c'est celui qui la dompte ».

D É C A D I. (10)

» *Dans un gouvernement Républicain , le Citoyen est soumis au magistrat, le magistrat* au Peuple , et le Peuple à la justice ».

TRENTE-DEUXIÈME DÉCADE.

Primdi. (11)

» Le cœur d'un honnête homme est son plus sûr oracle ».

Duodi. (12)

» La raison n'a d'autre règle de ses jugemens que la vérité ; la colère n'a d'autre régle de la vérité que ses jugemens ».

Tridi. (13)

» Un homme inégal n'est pas un seul homme , ce sont plusieurs ».

Quartidi. (14)

» Une vieillesse prématurée ou accablée d'infirmités et de misère , est presque toujours l'héritage que nous laisse une jeunesse déréglée.

Quintidi. (15)

» Quiconque, à vingt ans, ne sait rien, ne travaille pas à trente ; n'a rien acquis à quarante ; ne saura , ne fera et n'aura jamais rien ».

Sextidi. (16)

» Qui est aimable dans sa jeunesse, le sera dans sa vieillesse ».

Septidi. (17)

» Les petites considérations

sont le tombeau des grandes choses ».

Octodi. (18)

» La récompense de la vertu est dans la vertu même ».

Nonodi. (19)

» Si le méchant pouvoit être un autre que lui-même, il voudroit être un homme de bien ».

Décadi. (20)

» Si la liberté ne peut se maintenir que par la vertu, l'égalité ne peut exister que par le respect religieux, et réciproque des citoyens pour les droits les uns des autres ».

TRENTE-TROISIÈME DÉCADE.

Primdi. (21)

» Celui qui ne hait pas le crime, ne peut aimer la vertu ».

Duodi. (22)

» L'utilité se mesure par son étendue ; celle qui est commune à un plus grand nombre d'hommes mérite le plus d'estime ».

Tridi. (23)

» Dès que l'on fuit le monde, il nous fuit à son tour »

Quartidi. (24)

» La manière de préparer les grandes choses est une partie essentielle du talent de les faire,

comme

comme la sagesse est une partie
de la vertu »,

Quintidi. (25)

» La volonté de faire du bien,
sans le pouvoir, est une vertu ; et
le pouvoir sans la volonté est un
vice ».

Sextidi. (26)

» Oppose au ressentiment d'un
tort présent , le souvenir d'un
service passé ».

Septidi. (27)

» Celui qui vit sur l'espérance
risque de mourir de faim ».

Octodi. (28)

C'est insulter ses amis que de
les remercier de quelque chose»

F

Nonodi. (29)

» Il y a du plaisir à rencontrer les yeux de celui à qui on vient de rendre un service ».

DÉCADI. (30.)

» *L'homme libre jouit avec orgueil de la prospérité et de la gloire de sa patrie ; son ame s'aggrandit par le besoin de mériter son estime* ».

FRUCTIDOR.

TRENTE-QUATRIÈME DÉCADE.

Primdi. (1)

» Ce n'est qu'avec les yeux des autres qu'on peut bien voir ses défauts ».

Duodi. (2)

» Rien n'est beau que le vrai;
le vrai seul est aimable ».

Tridi. (3)

» Orner la vérité , c'est la dé-
figurer ; le vrai se reconnoît à
sa simplicité ».

Quartidi. (4)

» On mesure les tours par leur
ombre , et le sage par ses en-
vieux ».

Quintidi. (5)

» Les plaisirs sont amers si-tôt
qu'on en abuse ».

Sextidi. (6).

» Les vérités qu'on aime le
moins à entendre , sont celles

qu'on a le plus d'intérêt à savoir ».

Septidi. (7)

» La raison supporte les peines, le courage les combat, la patience les surmonte ».

Octodi. (8)

» Les passions se déguisent à l'ombre des vertus limitrophes; ainsi l'avarice se prétend économie. »

Nonodi. (9)

» Jouissons du bonheur quand il se présente sans l'empoisonner du souvenir de la veille et de la crainte du lendemain ».

DÉCADI. (10)

» *La liberté est le vrai génie*

des arts qui doivent en être les décorations ».

TRENTE-CINQUIÈME DÉCADE.

Primdi. (11)

» La vertu occupe tout l'esprit du sage ; l'intérêt celui du méchant ».

Duodi. (12)

» Plus on est vertueux, et plus on est persuadé qu'on ne fait que son devoir ».

Tridi. (13)

» Plus on a de lumières, plus on a de devoirs à remplir ».

Quartidi. (14)

» Pour rendre les hommes

bons, il ne faut que les éclairer ».

Quintidi. (15)

» Si la vertu est un effort sur soi-même en faveur des autres, plus on a de raison, moins il est pénible ; car de ces efforts mutuels naît le bien d'un chacun ».

Sextidi. (16)

» Par un commerce exact de bienfaits et de soins,

» L'un de l'autre, à l'envi, prévenons les besoins ».

Septidi. (17)

» La raison finit toujours par avoir raison ; comme le jour succède nécessairement à la nuit ».

Octodi. (18)

» La probité est l'instinct de la vertu, et il en fait le courage ».

Nonodi. (19)

» La Nature parle au cœur de tous ses enfans, et ce sont les plus simples qui entendent le mieux son langage ».

DÉCADI. (20)

» L'homme pieux, selon le vrai sens du mot, est celui qui s'acquitte, exactement, de ses obligations envers la patrie, en général, et envers chaque homme, en particulier ».

TRENTE-SIXIÈME
et dernière DÉCADE.

Primdi. (21)

» Les différences d'esprit ou d'agrémens, qui se trouvent entre les hommes, sont bien minces pour les rendre vains. Les uns ont la goutte, d'autres la pierre ; les uns meurent, d'autres vont mourir ».

Duodi. (22)

» Aux travers de l'esprit aisément on fait grace ;
» Mais les fautes du cœur jamais on ne les passe ».

Tridi. (23)

» On est bien près de la perfection de soi-même, lorsqu'on sait la reconnoître dans les autres ».

Quartidi. (24.)

» Après une bonne conscience et un jugement droit, une imagination saine est un des plus grands biens de la vie ».

Quintidi. (25)

» L'homme instruit n'est jamais seul ; le sot s'ennuye partout ».

Sextidi. (26)

» Apprends à bien vivre, tu sauras bien mourir ».

Septidi. (27)

» Qui vécut sans remords doit mourir sans tourmens ».

Octodi. (28)

» C'est le comble de la folie de ne pas apprendre, parce qu'on n'a pas appris ».

Nonodi. (29)

» Celui-là a mieux profité aux leçons, qui les pratique, que qui les sait ».

DÉCADI. (30)

» *Vivre libre, ou mourir; est la devise du Républicain* ».

JOURS

COMPLÉMENTAIRES,

APPELÉS

SANS-CULOTIDES.

Primdi. – Fête des Vertus. (1)

»LES vertus sont les colonnes des Républiques ; elles les garantissent des ravages du tems ».

Duodi. –– Fête du Génie. (2)

» Le génie enrichit l'homme des dons de la Nature et de la Liberté ; c'est à côté des vertus républicaines qu'il brille dans tout son éclat ».

Tridi. -- Fête du Travail. (3)

» Le travail est le sort et l'honneur des mortels, le gardien des vertus, et l'auteur de la prospérité publique ».

Quartidi.-Fête de l'Opinion. (4)

» L'opinion est la voix du Peuple ; tout doit fléchir devant elle ».

Quintidi. - Fête des récompenses. (5)

» Est-il rien qui puisse égaler le suffrage de la patrie » ?

De l'Imprimerie de Rochette, petite rue Challer, ci-devant Sorbonne , No. 382.